FOTOGRAFIA NOTURNA

Com **Joelmir Barbosa**

Guia Completo para você capturar paisagens noturnas do início ao fim

REFLEXÃO

"Não fazemos uma foto apenas com uma câmara; ao ato de fotografar trazemos todos os livros que lemos, os filmes que vimos, a música que ouvimos, as pessoas que amamos"

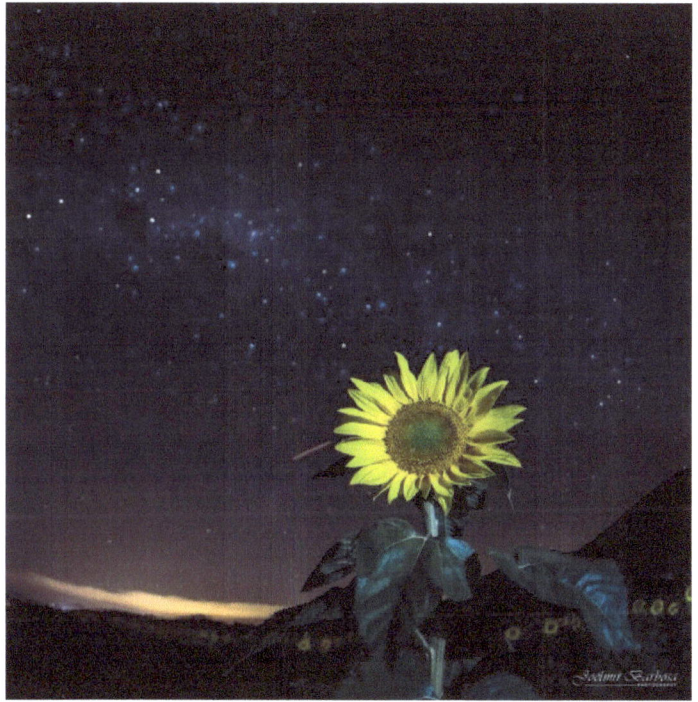

SUMÁRIO

Reflexão

Obras Recomendadas:

Por que escrevi esse livro?

Por que você deve ler esse livro?

Para quem é essa obra?

Introdução a Fotografia Noturna

Quais equipamentos você deve levar para campo?

Fotografando Estrelas

   Enquadrando a imagem na escuridão total

   Como focar corretamente a noite

   Período do ano ideal

   Qual o melhor horário para fotografar a noite?

   Interferência da Poluição Luminosa

   Use o timer

   Localizando os pontos cardeais

   Rotação das Estrelas

   Utilizando o BULB ou o Controle Disparador

   A importância de um bom tripé

Fotografando a Lua

   Incluindo a lua na composição

   Fotografando apenas a lua e seus detalhes

    Melhor época para fotografar a lua
    Mantenha a lua perto do horizonte
    Escondendo a Lua atrás das composições

A luz azul do luar

    A luz azul
    As sombras do luar

Light Painting

    Pintando com luz
    Ângulos da iluminação
    Bastão de luz
    O equipamento faz o fotógrafo?
    Iluminando dentro das construções

Noturnas em ambientes urbanos

    Pontos de luz estrelados
    Rastro de luz com automóveis
    Desligando o estabilizar da lente

Fotografando Raios

    Capturando Raios

Considerações finais

OBRAS RECOMENDADAS:

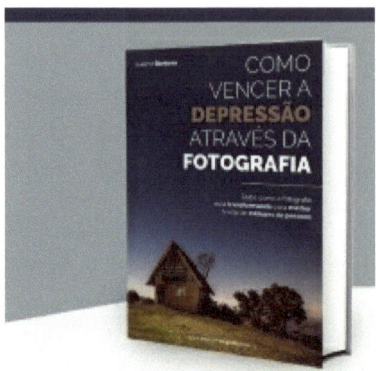

Como Vencer a Depressão Através da Fotografia – Saiba como a fotografia está transformando para melhor a vida de milhares de pessoas.

A depressão é um dos maiores problemas de saúde mundial e é também um dos mais incompreendidos, seja pelo próprio paciente, seja por sua família.
Procurando ajudar as pessoas a enfrentarem essa doença, o fotógrafo brasileiro Joelmir Barbosa, desenvolveu um Curso de Fotografia voltado para o bem-estar através da arte-terapia.
Você encontrará nessa obra todos os benefícios para seu bemestar durante o ato de fotografar e vai aprender também os conceitos iniciais para começar a fotografar como um profis-

sional, descobrindo as técnicas e equipamentos necessários que se adaptam ao seu estilo, mesmo que você nunca tenha fotografado antes e não domine programas de edição de imagens.

Aprenderá também como divulgar seu trabalho nas redes sociais conquistando milhares de seguidores, como gerar renda a partir fotografia e os diferentes nichos de mercado.

❖ ❖ ❖

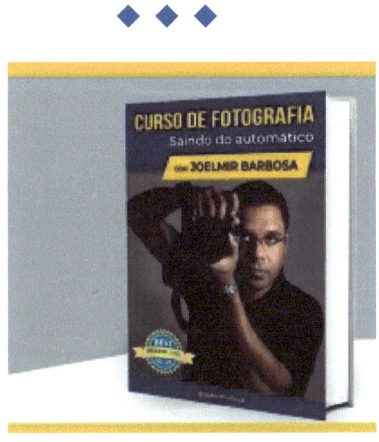

Curso de Fotografia com Joelmir Barbosa: Saindo do Automático

Esta obra foi desenvolvida especialmente para as mais de 100 mil pessoas que acompanham diariamente a fotografia de natureza do fotógrafo Joelmir Barbosa e que pretendem aprender a fotografar de maneira profissional, mesmo sem possuir equipamentos profissionais, produzindo fotografias para impressionar amigos e seguidores.

É o melhor curso de fotografia para você sair do modo automático e começar a impressionar.

POR QUE ESCREVI ESSE LIVRO?

F otografia noturna é a minha paixão!
Comecei a fotografar o céu noturno como uma válvula de escape para aliviar a mente dos problemas do dia a dia, e as saídas noturnas sempre me proporcionaram excelentes momentos de paz e reflexão.

Quando saio sozinho, me conecto diretamente com o universo e reflito sobre o tamanho de nossa insignificância perante a vastidão do céu noturno, com tantas galáxias e estrelas juntas, bem em frente ao meu campo único de visão.

Várias reflexões sobre minha vida e importantes tomadas de decisões aconteceram e ainda acontecem, quando eu estou com a minha mente relaxada, em contato direto com a natureza.

Quando saio com alunos e amigos para fotografar, o momento também é muito prazeroso. À noite, na ausência da luz, os sons das palavras têm um poder fascinante. Estamos mais propensos a escutar, prestar atenção nos detalhes do tom de voz, da respiração, na emoção, sem que os detalhes da imagem tirem a nossa atenção, tornando as conversas e histórias são muito mais intensas e marcantes.

De acordo com que descobria o bem que isso me fazia, intensifiquei minhas excursões noturnas e aprimorei uma técnica particular para registrar estes eventos. Nunca fiz curso, aprendi o que sei sozinho.

As redes sociais tiveram um papel importante nesse processo, pois, além de sentir o bem que a fotografia me trazia, as postagens, quase que diárias dos resultados da noite anterior, despertou mais o interesse de cada vez mais pessoas, do Brasil inteiro e várias outras ao redor do mundo.

Percebi que, embora eu estivesse sozinho durante a captação e edição das imagens, existia uma legião de milhares de seguidores se interessando cada vez mais pelo meu trabalho. Fotógrafos renomados começaram a se encantar também pelos resultados obtidos e tive a certeza de que, o nível da qualidade das imagens que eu estava produzindo estava sendo um fator diferencial para chamar a atenção de tantas pessoas.

Decidi que tinha chegado o momento de revelar para todos os benefícios que a fotografia me trazia, algo muito além do retorno financeiro. Nesse momento escrevi o livro "O Poder da Fotografia no Combate à Depressão". Sucesso de público, com depoimentos de centenas de pessoas que tiveram sua vida transformada pela arte de fotografar.

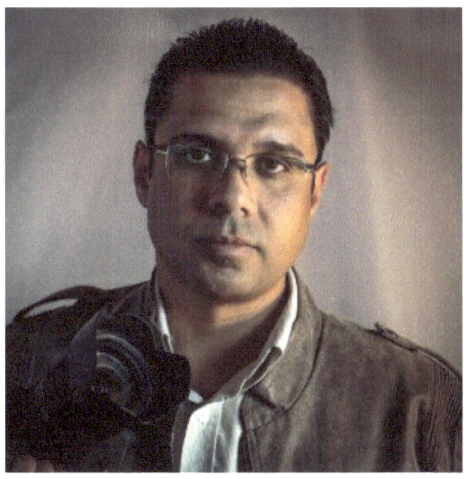

Joelmir Barbosa

POR QUE VOCÊ DEVE LER ESSE LIVRO?

Fotografar o céu noturno não é algo simples. Dezenas de variáveis impactam diretamente no resultado final desejado. Mínimos detalhes fazem toda a diferença quando se deseja fotografar a noite.

É por isso que a fotografia noturna desperta cada vez mais interesse nos fotógrafos atuais. Obriga a sair da zona de conforto e a lidar com o inesperado. Não dá para planejar quais fotos irão fazer parte de seu portfólio quando você voltar para casa.

Você sai para fotografar estrelas, o tempo muda e você consegue uma excelente fotografia de raios. Você se planeja para fotografar a lua e consegue nuvens incríveis.

Basta um simples veículo cruzar uma rodovia com os faróis acessos para se ter uma longa exposição magnífica. É esse inesperado que vai te cativar, porém, para aproveitar todas as oportunidades é preciso saber utilizar as técnicas corretas, pois, um segundo de atraso pode desperdiçar uma chance única. Acredite, isso já aconteceu muito comigo.

Hoje a fotografia está banalizada. Qualquer um é capaz de comprar uma câmera, ou até mesmo com os potentes *smartfones* e realizar excelentes fotografias. Fotógrafos se multiplicam nas redes sociais oferecendo seus serviços, acreditando que para fotografar, basta apenas apontar e clicar.

Se você quer se destacar no que faz, é fundamental que você

aprenda a fazer algo novo, algo diferente, que exige uma complexidade que a maioria das pessoas não está disposta a investir o tempo necessário para obter o conhecimento que precisa.

Fotografar a noite é sair do senso comum. É dominar a luz em um ambiente onde a luz está fora dos alcances do olho humano. É tornar seu equipamento uma extensão do seu corpo e ter a sensibilidade para usá-lo, tirando o maior proveito possível.

Vamos aprender? A noite te espera....

PARA QUEM É ESSA OBRA?

Esse livro foi escrito para pessoas como você que acredita ser capaz de fotografar paisagens noturnas e estão procurando por conhecimento para realizar fotografias com alto nível profissional.

O objetivo desse curso é ensinar você a fazer essas fotografias com total confiança: desde como escolher a melhor noite para fotografar, qual o equipamento ideal, quais acessórios levar para campo e muito mais.

Todas as fotografias deste curso foram feitas e editadas por mim e são uma seleção de algumas das imagens mais curtidas e comentadas nas minhas redes sociais nos últimos anos.

Você vai aprender como fazer fotografias noturnas incríveis facilmente, passo a passo, do começo até o fim e impressionar seus amigos e seguidores.

Não existe segredo, você irá se surpreender com os resultados e precisa apenas aprender como aplicar as técnicas corretas.

O aluno ideal para esse curso é o aluno que sempre está procurando melhorar o resultado de suas fotografias e realizar capturas que outras pessoas não conseguem sem estudo e dedicação.

Você não precisa ser um fotógrafo profissional para fazer excelentes capturas noturnas. Basta ser um entusiasta da fotografia e compreender as técnicas necessárias.

Outro conhecimento essencial para você aprender com sucesso

esse conteúdo é dominar o modo manual (M) da sua câmera, pois, todas as fotos noturnas devem ser realizadas nessa configuração.

Se você é um fotógrafo iniciante que está acostumado a fotografar apenas no modo automático, é fundamental você aprender primeiramente a fotografar no modo manual.

Dica: leia o manual de usuário da sua câmera ou pesquise sobre como utilizá-la, em fontes de pesquisa como o *google* ou o *youtube*. Existem muitas variações de modelo e marcas, e qualquer tentativa minha de explicar aqui seria em vão, diante de tantas variações, porém, os conceitos são sempre os mesmos: domínio e controle da abertura, velocidade e ISO.

É muito fácil, é possível e eu vou te ensinar do começo ao fim como fazer.

Portanto, vamos começar...

INTRODUÇÃO A FOTOGRAFIA NOTURNA

Primeiramente é importante você saber que aqui não iremos perder tempo. O conteúdo é objetivo, vai direto ao ponto, possibilitando um aprendizado direto e sem abordar assuntos desnecessários.

A dinâmica deste livro está estruturada da seguinte forma: Em cada capítulo você irá aprender uma técnica diferente que utilizo em campo, para registrar minhas imagens, como por exemplo: como focar corretamente na escuridão total? Como fazer o enquadramento correto sem estar vendo o ambiente ao seu redor? Qual a melhor época do ano para fotografar estrelas? Como fotografar a lua? E muitos outros conceitos.

Após aprendermos a técnica de cada aula, faremos uma análise técnica também das configurações que utilizei para cada fotografia deste livro. Qual velocidade, abertura e ISO foi utilizada.

A fotografia noturna nos mostra coisas que não vemos, pois, a câmera tem uma sensibilidade diferente e superior ao olho humano e cada fotografia nos revela algo completamente novo e muitas vezes, inesperado.

QUAIS EQUIPAMENTOS VOCÊ DEVE LEVAR PARA CAMPO?

Câmera

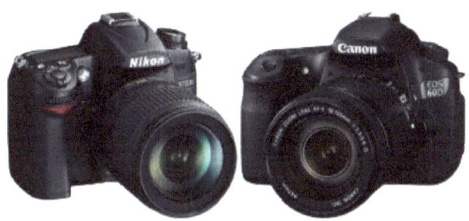

Você vai precisar de uma câmera, de preferência uma DSLR ou uma *mirrorless*, e os modelos de entrada das profissionais são muito bons. Eu comecei a fotografia noturna usando uma Canon T3i. Hoje eu fotografo usando uma Canon 6D que me atende perfeitamente, porém, a diferença entre elas veremos no decorrer do curso.

Uma dica importante é sempre utilizar câmeras que permitam fotografar em RAW, pois, a edição de imagens noturna requer uma amplitude maior de possibilidades de edição devido à baixa luminosidade. Se você fotografar apenas em JPGE, ficará com a edição muito limitada.

Se você é um iniciante na fotografia é importante compreender a diferença entre esses dois formatos de arquivos. O arquivo JPGE é um arquivo priorizado para compactar o tamanho das imagens e com isso, ele possui uma faixa dinâmica menor. Já os arquivos

RAW possuem uma faixa dinâmica superior permitindo edições mais completas como ajustes no balanço de branco, contrastes, correção de exposição, maior qualidade de impressão, sem perda da qualidade da imagem.

Por possuir mais elementos da imagem, o arquivo RAW possui a desvantagem de ser maior, ocupando mais espaço nos cartões de memória ou HD's. Enquanto um arquivo JPGE possui um tamanho médio de 4MB, um arquivo RAW pode facilmente ultrapassar os 30MB.

Lentes

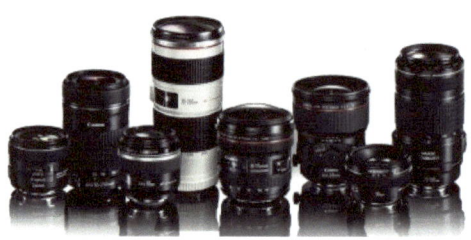

Com relação as lentes ou objetivas, primeiro você precisa definir o que exatamente pretende fotografar.

Se for a Via Láctea, você precisará de uma grande angular de no mínimo 24mm. Eu, particularmente gosto de utilizar a lente 24-105mm, da Canon. Embora seja uma lente mais escura (com pouca abertura no diafragma), possui uma qualidade óptica muito grande e consigo equilibrar o fato de ser mais escura, com aumento da velocidade (exposição) e a capacidade de ISO da câmera.

Outra lente que uso com bastante sucesso é uma objetiva Sigma 15mm, a famosa "olho-de-peixe". A angulação dela é excelente, você consegue enquadrar a Via Láctea inteira. A desvantagem dos modelos olhos-de-peixe é que as fotografias ficam com as bordas arredondadas, porém, é um efeito que pode ser minimizado mantendo a câmera no nível.

Porém, se você pretende fotografar a lua e seu detalhes, será necessário utilizar uma super zoom, de 300mm ou mais.

Identificar seu perfil fotográfico e o que pretende fotografar é fundamental e evita gastos desnecessários na compra de equipamentos.

Tripé

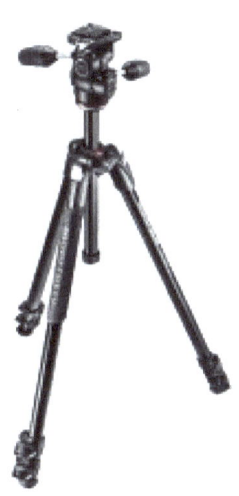

É o suporte para estabilizar a câmera. Possui vários tamanhos e formatos que explicarei nos próximos capítulos. O tripé é equipamento fundamental para fotografias noturnas.

Controle disparador remoto ou por cabo

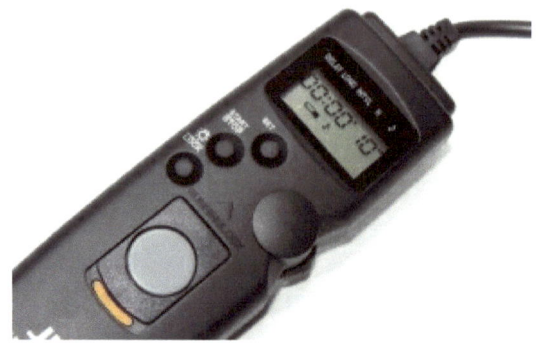

Usar um controle remoto ou por cabo (foto) para disparar a câmera evita oscilações no equipamento e garantem uma imagem mais nítida.

Lanternas para foco

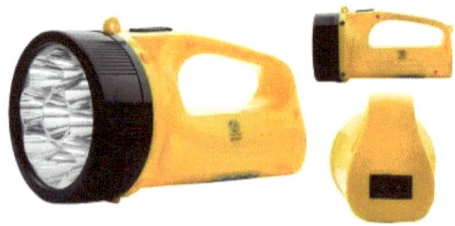

P ara encontrar o foco perfeito, durante a noite, é importante uma lanterna potente. Isso facilita muito no ajuste do foco.

Lanterna para Light Painting

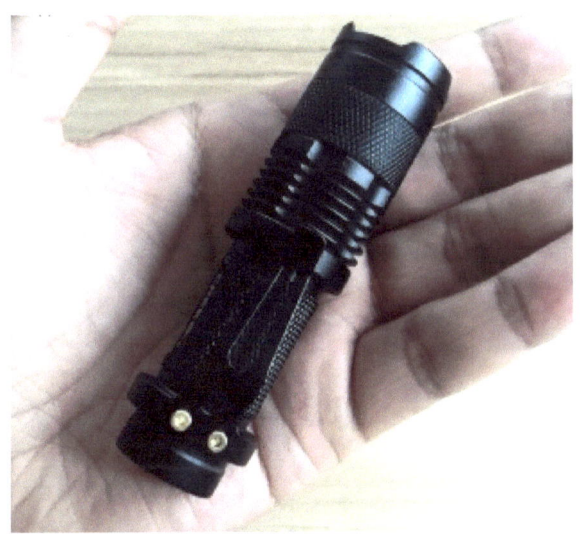

U ma lanterna fraca, para preencher com luz pontos da composição que estejam muito escuros é muito importante. Literalmente é possível pintar com luz os pontos da imagem que estão em completa escuridão.

Fique tranquilo, pois, todos os itens acima serão tratados detalhadamente no decorrer desse livro.

FOTOGRAFANDO ESTRELAS

*Compondo a fotografia
na escuridão total*

A principal dúvida da maioria dos meus alunos durante a primeira aula de fotografia noturna é como enquadrar uma imagem corretamente na escuridão total.

Quando falamos em fotografar as estrelas, a beleza da imagem não está apenas no céu, e sim, na sua capacidade de compor um enquadramento elegante e atraente.

Imagine que você esteja no campo, em uma noite escura (sem lua) e deseje compor sua fotografia com o céu estrelado sobre uma casa abandonada. Como você fará a composição? Você olha pelo LCD da sua câmera ou pelo visor óptico e tudo está completamente escuro.

Duas situações podem acontecer nesse momento. A primeira, é você utilizar sua lanterna de foco (a lanterna mais potente) para iluminar o ambiente e encontrar pontos de referência para o enquadramento, observando o ponto de luz pelo LCD da câmera.

A segunda opção, e a que eu particularmente mais gosto de utilizar, é explorar o ISO máximo da câmera para realizar o enquadramento.

O primeiro passo é posicionar o tripé e a câmera no local onde você julgue ser a melhor posição. Por mais escuro que esteja, sempre é perceptível ao olho humano ter a noção dos elementos que se encontram a frente, pela sua silhueta.

Com o tripé posicionado e a câmera apontada para o motivo a ser fotografado, coloque o ISO máximo da câmera e a velocidade em 2 segundos.

Essa foto será perdida, pois sempre que utilizamos o ISO máximo, a imagem fica muito pigmentada e não apresenta boa qualidade. Literalmente será uma foto que deverá ser deletada, pois ela servirá apenas para mostrar como está o enquadramento naquele momento.

Porém, quando você faz essa foto a mágica acontece. Como a câmera tem o poder de captar luz muito maior que o olho humano, a sensibilidade do ISO elevado mostrará no LCD da câmera uma imagem bem clara, sendo possível nesse momento ajustar o enquadramento regulando o tripé e a câmera.

Você literalmente irá encontrar o enquadramento ideal através da tentativa e erro. Tire uma foto, observe quais são os ajustes necessários e repita a imagem. Geralmente com poucas tentativas já se consegue o enquadramento perfeito. Nesse momento, basta deixar o tripé travado na posição ideal, aumentar o tempo de exposição e regular o ISO para baixo, evitando uma pigmentação excessiva.

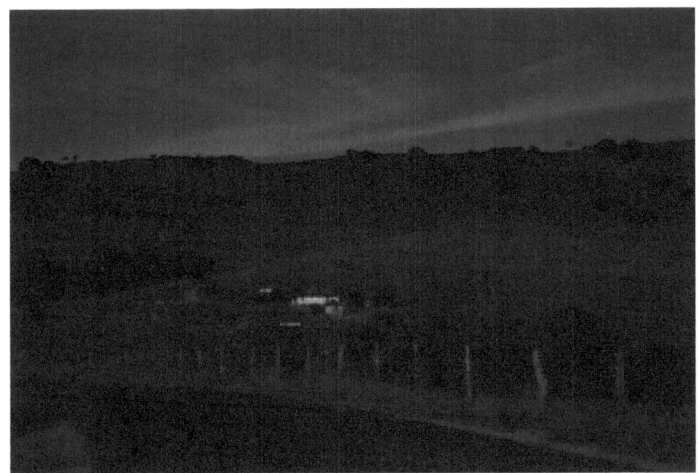
1ª tentativa de enquadramento

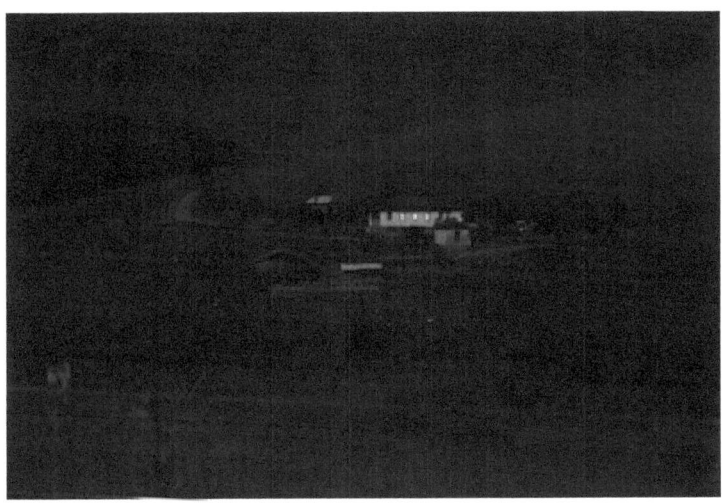
2ª tentativa de enquadramento

3ª tentativa de enquadramento

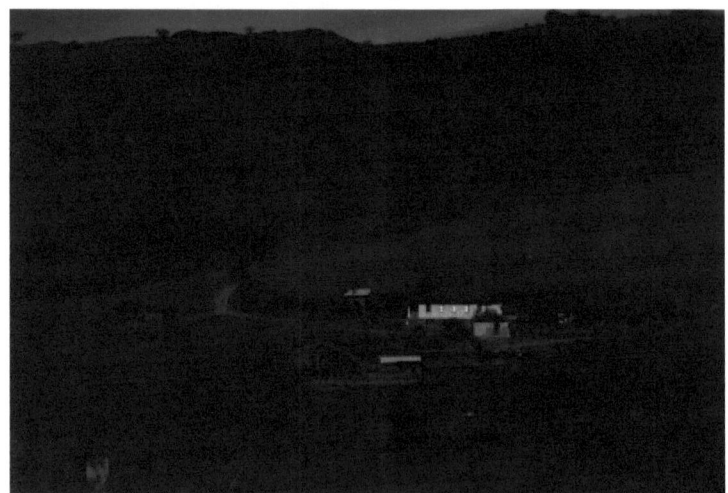
4ª tentativa de enquadramento

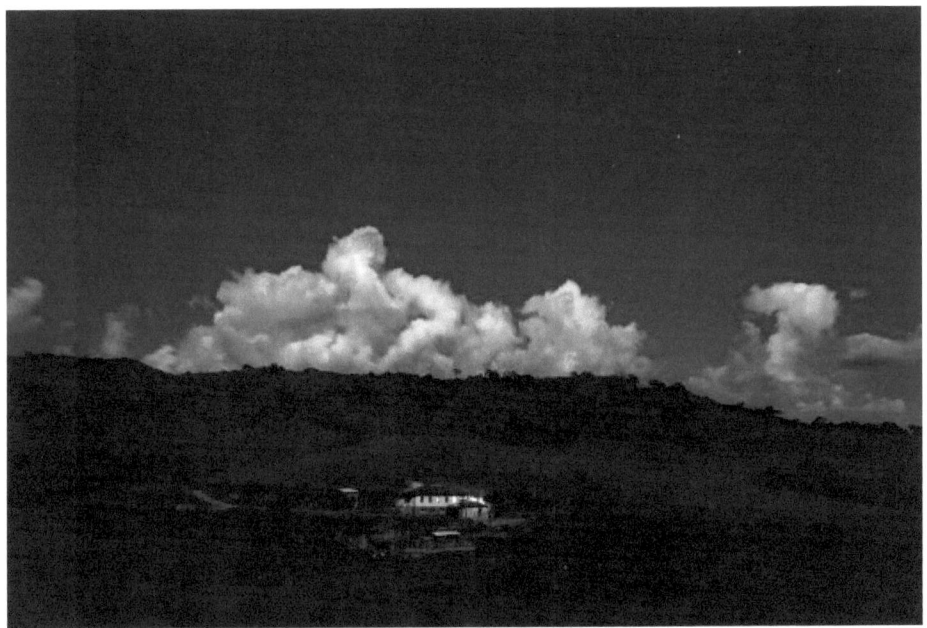

Foto Final - exif: F 6.3 / 30s / ISO 800 / 32mm

Como focar corretamente a noite

Outra dúvida bastante comum é como ajustar o foco correto, uma vez que devido à ausência de luz, não é possível utilizar o recurso de foco automático.

O foco correto é decisivo para a qualidade final da fotografia desejada. De nada adianta um belo enquadramento se no momento da edição, a imagem não estiver devidamente focada.

A técnica que utilizo para ter um foco perfeito é bastante simples. Sempre foque sua imagem no elemento que está compondo a cena.

Se sua intenção é fotografar uma árvore embaixo da Via Láctea, sempre coloque o foco na árvore. Isso serve para a maioria dos casos, embora o processo criativo seja livre e você tem liberdade para focar e desfocar o elemento que desejar.

Uma vez definido o elemento que será focado, nesse caso, a árvore, ilumine um trecho dessa árvore com a lanterna de alta potência. Iluminando esse trecho do elemento, utilize o foco automático da câmera ou até mesmo o foco manual, olhando através do LCD quando aquele trecho da imagem ficará nítido.

Por esse trecho estar iluminado, a câmera conseguirá realizar a focagem automática.

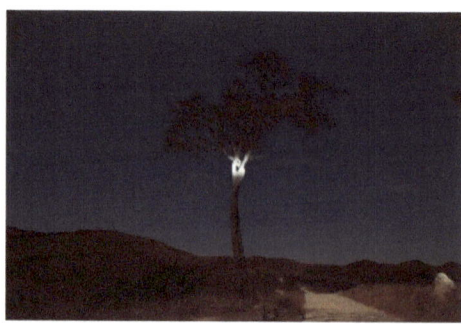

Iluminando trecho para definir o foco.

Conseguindo o ajuste correto, desative o foco automático na trava própria lente e pronto, sua imagem estará focada e pronta para ser capturada.

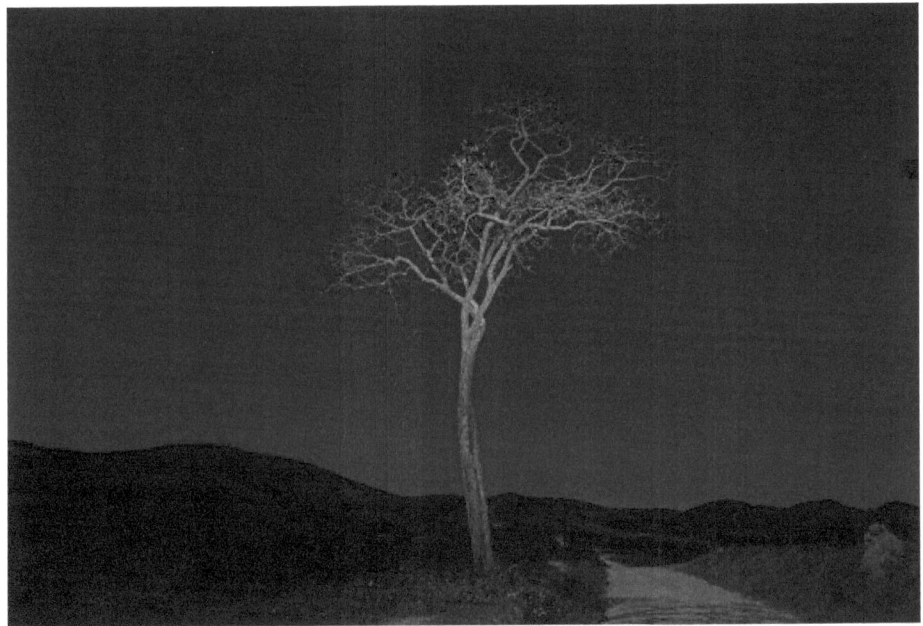

Exif: F 7.1 / 15s / ISO 1600 / 28mm

Após realizar a captura, é preciso ser bem criterioso nesse momento, pois, o que vemos no LCD da câmera nem sempre corresponde ao que vemos depois, no computador. É normal acharmos que uma foto ficou nítida olhando pela câmera, e no momento da edição, descobre-se que ela ficou desfocada.

A dica é fazer várias fotografias reajustando o foco com pequenas variações. Isso aumenta a probabilidade de pelo menos uma delas ter ficado perfeita.

Outra dica, para os iniciantes é não alterar a abertura ou o zoom da câmera com o foco definido, pois, essa ação afetará a profundidade de campo. Se você quiser aumentar ou diminuir a exposição de uma fotografia, que achou clara ou escura, revendo o resultado pelo LCD, altere apenas a velocidade e/ou o ISO. Se for necessário alterar a abertura ou o zoom, o processo de focagem deverá ser repetido.

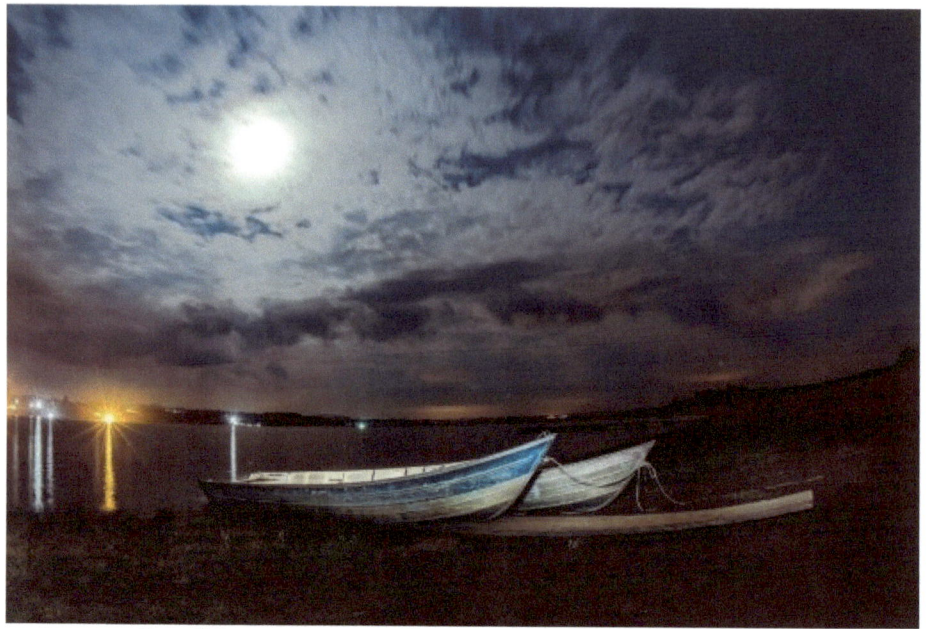

Foco feito na canoa - Exif: F 7.1 / 30s / ISO 1600 / 15mm

Período do ano ideal

A Via Láctea é a parte do céu onde estão concentrados os maiores volumes de estrelas. No hemisfério sul, a vemos mais facilmente olhando para a direção sul, embora em determinados horários, ela possa ocupar um arco inteiro no céu, de norte a sul.

A Via Láctea, assim como o sol e a lua também se movimenta. Por ser um movimento mais lento, um fotógrafo iniciante pode pensar que as estrelas estão paradas, mas isso não é verdade.

O movimento da Via Láctea varia bastante durante a noite, inclusive com ela se pondo no horizonte sul.

Além do movimento de cada noite, as estações do ano afetam diretamente sua visualização. No Brasil, o trecho com mais estrelas, é visível entre os meses de março a novembro.

Outras variáveis impedem a sua visualização com nitidez:

O primeiro fator é a umidade do ar, tanto em noites com chuva, onde as nuvens impedem diretamente a visualização, quanto em noite sem nuvens, porém, com a umidade relativa do ar muito alta, que impede a visualização das estrelas menos brilhantes.

O segundo fator que interfere diretamente, é o período de queimadas, que no Brasil se intensifica entre os meses de julho, agosto e setembro. Deixando o ar com excesso de fumaça.

O ideal é fotografar em meses com poucas chuvas e antes do período das queimadas. Sem dúvidas, os melhores meses são maio, junho e julho.

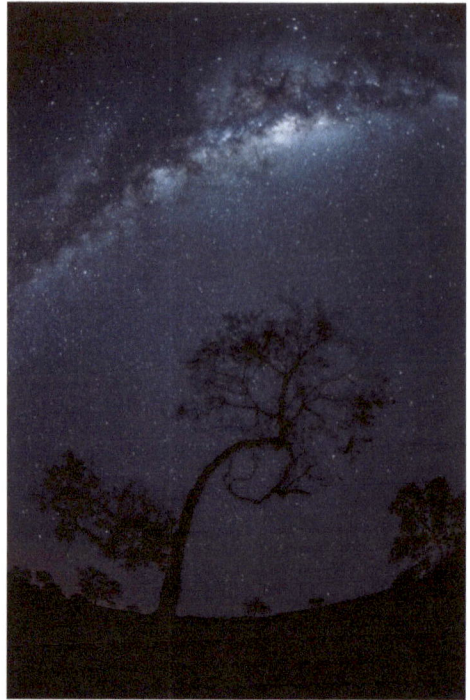

Exif: F 2.8 / 30s / ISO 3200 / 15mm

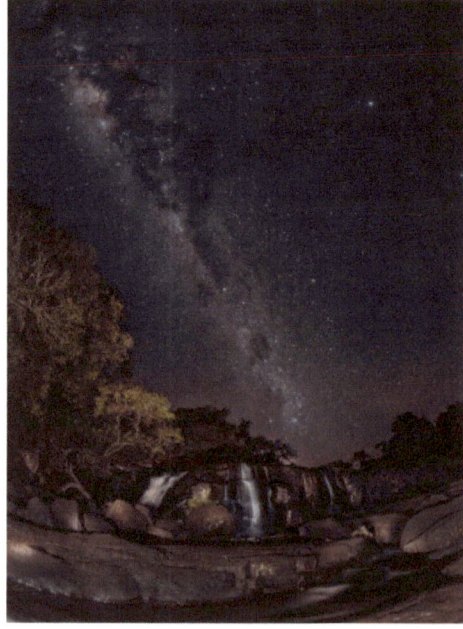

Exif: F 2.8 / 30s / ISO 6400 / 15mm

Qual o melhor horário para fotografar a noite?

Ao contrário do que se pensa, o melhor horário para fotografar a Via Láctea se dá no início da noite, quando ela está posicionada na parte alta do céu.

O conselho é que você chegue no lugar escolhido logo após o pôr do sol. Além de conseguir excelentes fotografias noturnas no cair da noite, quando a paleta de cores no horizonte está bastante azulada (horário conhecido como "hora azul") você conseguirá ter uma melhor percepção dos elementos que irão compor sua fotografia quando a noite cair completamente.

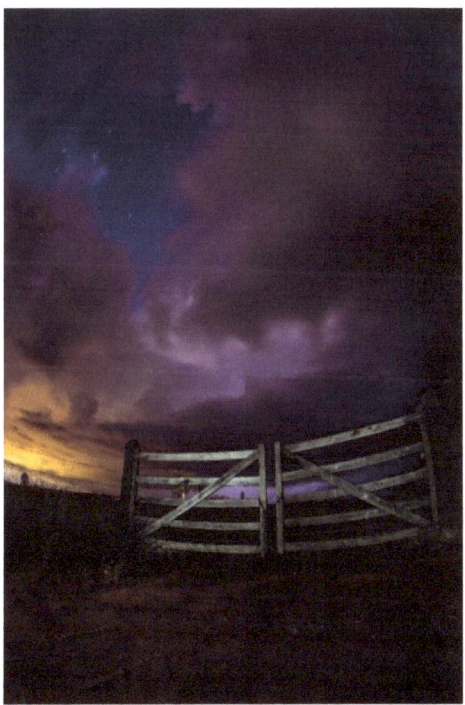

Exif: F 2.8 / 30s / ISO 1600 / 15mm

Outro fator determinante para a escolha do horário, é a incidência do orvalho. Após as 22h é muito comum, na maioria das noites, que caia orvalho ou sereno (nome que varia de acordo com a região).

Como a lente estará apontada para o céu, bastam poucos segundos para uma fina camada de umidade acumulada se formar na lente. É um grande problema, pois querer limpeza constante da lente, sendo necessário reajustar o foco.

Além do orvalho, no decorrer da madrugada, principalmente após dias chuvosos, é natural a neblina aparecer e impedir qualquer tipo de fotografia do céu. Geralmente a neblina se faz presente em regiões serranas ou após uma chuva, quando o céu fica limpo de repente.

Essas variações climáticas tornam a fotografia noturna imprevisível. Você sai de casa para fotografar estrelas e volta com uma fotografia de uma linda nuvem cruzando o céu.

Exif: F 4 / 30s / ISO 3200 / 24mm

Interferência da Poluição Luminosa

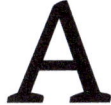visibilidade das estrelas está diretamente ligada a distância que você está de cidades ou outros locais com incidência luminosa.

Quando mais distante você está de uma cidade, maior o número de estrelas que você verá. Isso é proporcional ao tamanho da cidade em questão. Distante 30km de uma capital brasileira talvez não faça tanta diferença, porém, se você se distanciar 30km de uma cidade de pequeno porte, no interior, a visibilidade aumenta bastante. É impossível fazer uma boa foto de estrelas da área urbana de qualquer cidade, inclusive.

Aas melhores fotografias de estrelas na América Latina são feitas no deserto do Atacama, no interior do Chile, pois lá encontramos as condições ideais para visualizar o céu: não possui poluição luminosa e sempre está com baixa umidade no ar.

Além das luzes das cidades que afetam a visualização das estrelas, o ciclo da lua também é determinante. Quanto mais próximo da lua cheia, menos estrelas são vistas.

Quando me programo para fotografar estrelas, sempre saio no ciclo da lua nova, pois é o período mais escuro do ciclo lunar.

Uma maneira fácil de fazer esse cálculo, para quem não está habituado com os ciclos da lua, é localizar a data da lua cheia em qualquer calendário e contar 12 noites após. Inevitavelmente, você estará em uma noite escura, sem a interferência da lua.

Observe na foto abaixo como em noites de lua cheia o número de estrelas visíveis é bem menor.

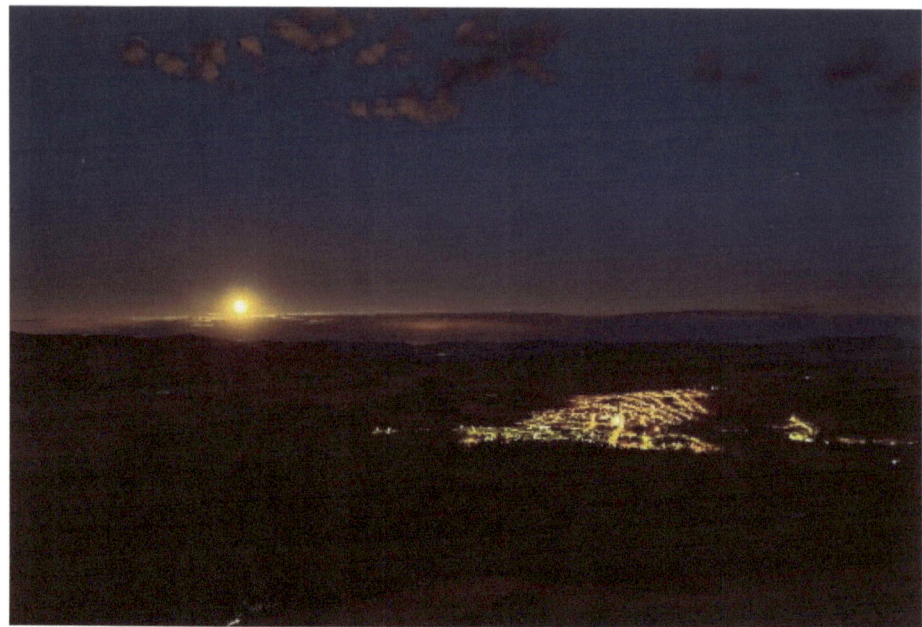

Exif: F 4 / 30s / ISO 100 / 32mm

Use o timer

O botão do obturador deve ser usado com cautela para fotografias de longa exposição. O menor contato com ele pode ocasionar uma vibração na câmera ou no tripé e prejudicar a qualidade e nitidez da imagem.

A maioria das câmeras possuem o recurso do *timer*, onde a foto é realizada 2s ou 10s após pressionado o obturador. Sempre utilize 10s. Trepidações mínimas são perceptíveis cerca de 5s após o último toque na câmera, mesmo quando o botão é apertado levemente e o tripé esteja fixo.

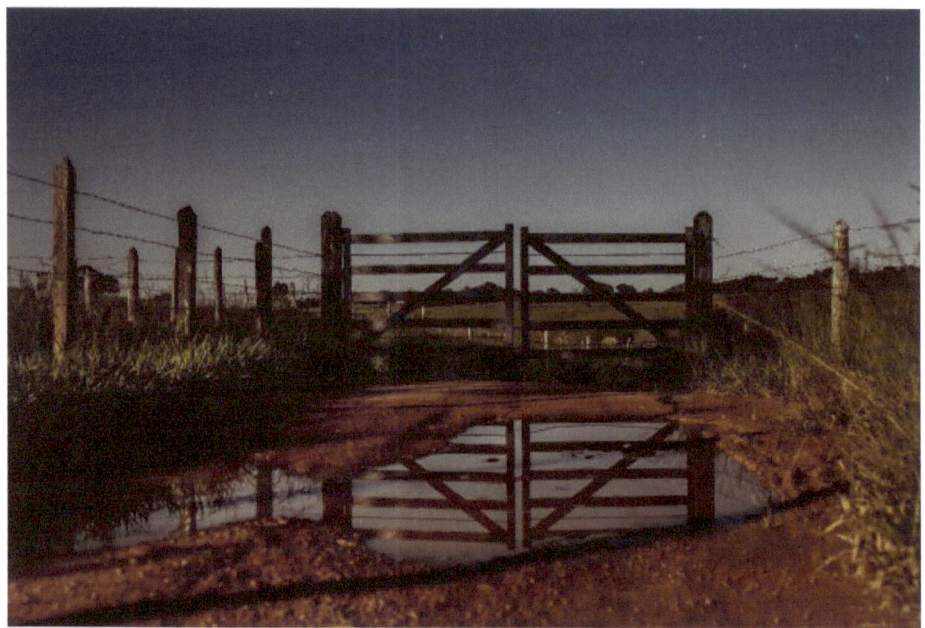

Exif: F 5.6 / 30s / ISO 1600 / 40mm

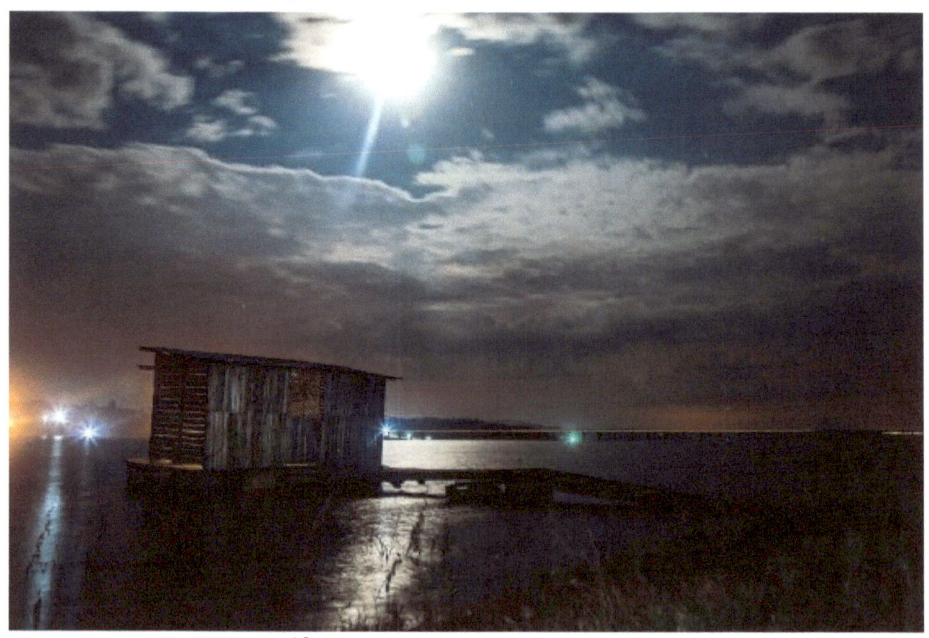

Exif: F 10 / 30s / ISO 1600 / 28mm

Utilizando o BULB ou o Controle Disparador

P ossuir um controle disparador remoto para sua câmera também possui suas vantagens. A primeira delas é o fato de proporcionar a você um tempo de exposição maior que 30s, que é o tempo máximo padrão que a maioria das câmeras oferecem manualmente. Com um controle disparador você pode definir o tempo de exposição de acordo com sua necessidade.

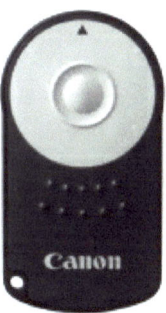

A outra vantagem é que, disparando a câmera pelo controle, você não encosta no equipamento e, portanto, evita trepidações que podem comprometer a qualidade e nitidez da imagem.

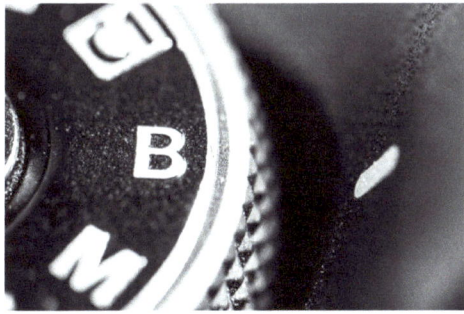

Já o modo Bulb é um modo da câmera onde você consegue determinar que a câmera comece a registrar a imagem com o primeiro clique no botão do obturador e encerre a exposição quando apertar novamente. A desvantagem é que esse simples contato com o equipamento irá causar pequenas trepidações que afetarão a nitidez da imagem.

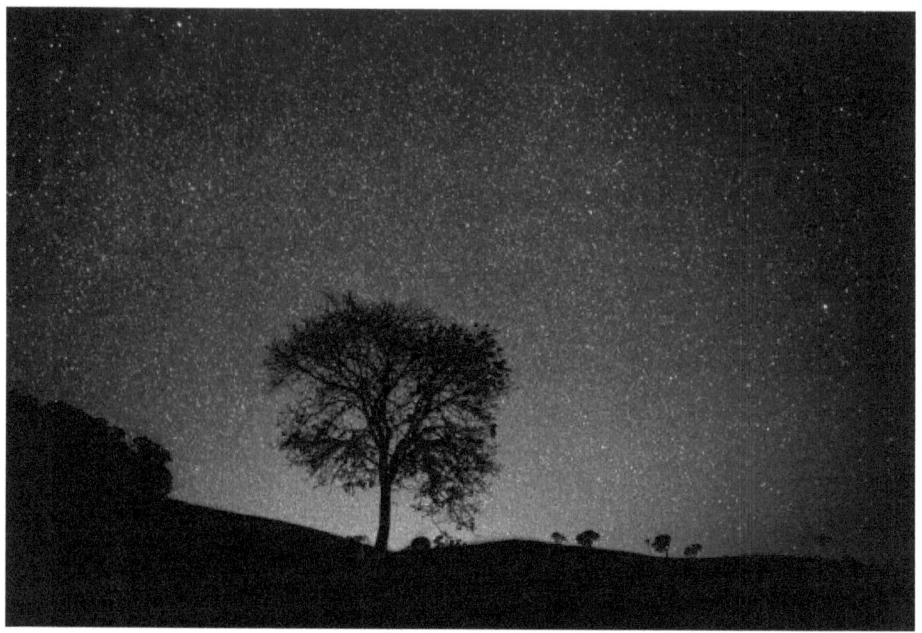

Exif: F 4 / 30s / ISO 5000 / 24mm

Localizando os pontos cardeais

Saber localizar dos pontos cardeais a noite é fundamental. Geralmente os espetáculos mais bonitos sempre acontecem voltados para a região sul.

A dica é sempre utilizar uma bússola, algumas inclusive, existem como apps de *smartfones*.

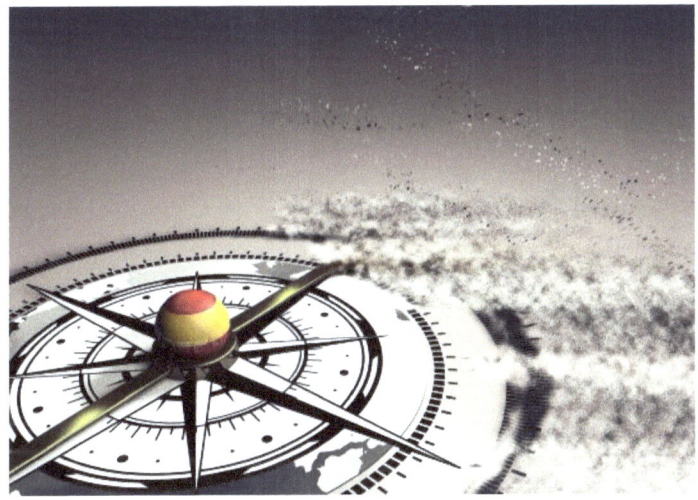

Além da bússola, outros aplicativos de astronomia são muito úteis para nos orientar a noite observando o céu.

Carta Celeste

Destaca a localização de planetas, estrelas e constelações ao apontar a câmera do *smartphone* na direção do céu.

Nasa App

O aplicativo é perfeito para quem gosta de ficar por dentro das descobertas da NASA. O app é atualizado diariamente com notícias da agência americana, traz informações sobre missões e até *live stream* da Nasa TV. Todos os dias o aplicativo também recebe novas imagens incríveis do universo que funcionam como ótimos papéis de parede.

Night Sky Lite

O aplicativo conta com uma comunidade que sugere os melhores locais para observar as estrelas ao redor do mundo. Ele ainda checa as condições do tempo para aquela noite, assim você sabe se vale a pena ficar acordado para observar o céu.

Sky View Free

O aplicativo usa a câmera traseira para dar informações sobre objetos no céu e seus nomes. Você também pode procurar e localizar estrelas específicas, estações espaciais e compartilhar suas descobertas no Twitter, Facebook ou Instagram.

GoSkyWatch

O aplicativo mostra informações sobre qualquer estrela ou planeta que pode ser visto a olho nu. Ao tocar qualquer objeto espacial na tela, abre-se um *pop-up* que mostra suas informações.

ISS Detector

Poucas pessoas sabem, mas é possível ver a Estação Espacial Internacional a olho nu! O ISS Detector emite um alarme 5 minutos antes que a Estação Espacial Internacional esteja acima da sua localização.

PhotoPills

É um aplicativo fantástico que ajuda você a se programar e fotografar com precisão onde e o que deseja. Pode consultar a trajetória da Lua, Sol, Via Láctea, presencialmente ou apenas virtualmente.

Rotação das Estrelas

Um efeito bastante interessante em noites estreladas é fazer o famoso efeito de rotação das estrelas, que nada mais é do que uma ilusão óptica que temos devido ao movimento de rotação da terra.

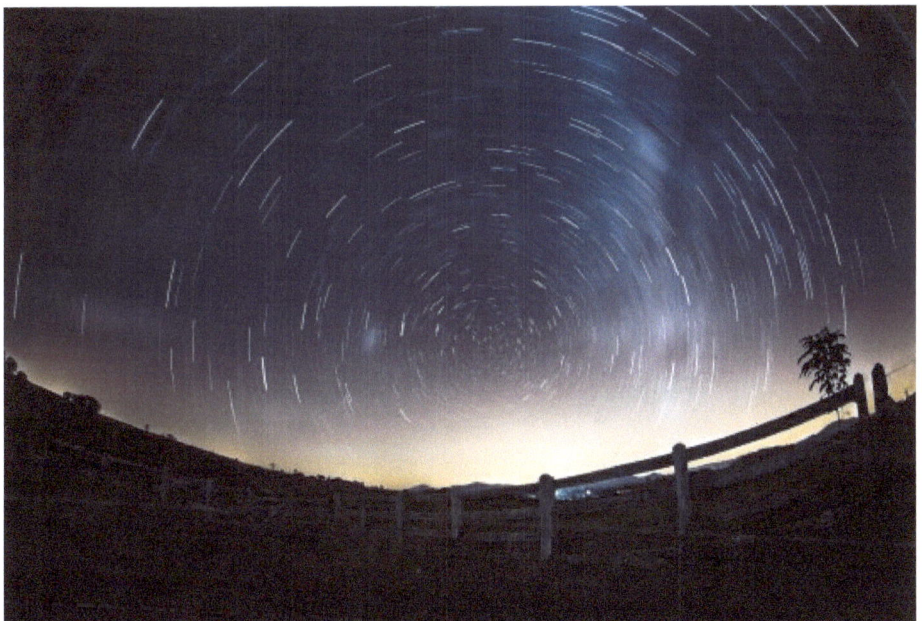

Exif: F 2.8 / 33 minutos / ISO 200 / 15mm

Para se fazer o efeito de rotação é muito importante que a câmera fique bem fixa, pois o mínimo movimento irá danificar a nitidez da imagem (ideal é utilizar um tripé grande).

O tempo de exposição médio deve ser em torno de 30min a 1 hora.

Para se fazer essa fotografia é importante estar atento a alguns detalhes que podem danificar seu equipamento.

O sensor da câmera é muito sensível a luz, portanto, o efeito rotação deve ser realizado em noites completamente escuras, sem nenhum ponto de luz que se destaque, como por exemplo, um poste de luz ou a própria lua.

Imagine que exista uma cidade ao fundo, mesmo longe, a vários quilômetros de distância, esse pequeno ponto de luz pode danificar o sensor da sua câmera em longa exposições muito extensas.

Aconselho que sejam feitos testes antes de partir para uma exposição tão longa. Comece ajustando a câmera para 3min, 5min. Faça testes com ISO's variáveis e aberturas diferentes. Assim, terá mais segurança no resultado final.

Como a câmera ficará muito tempo exposta, o ISO deve ser baixo, entre 50 e 300 e a abertura sempre entre f.8 e f.16.

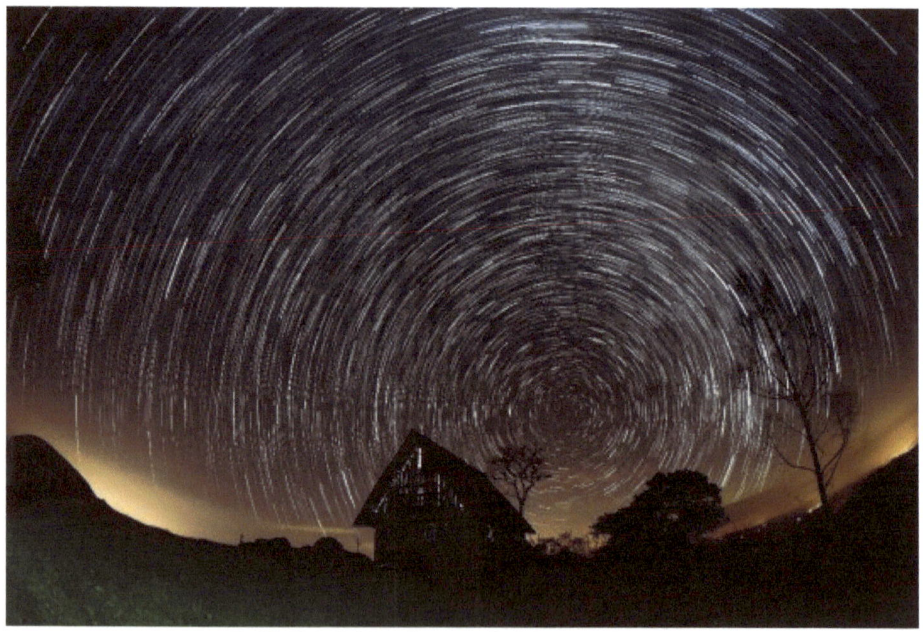

Exif: F 8 / 40 minutos / ISO 100 / 15mm

A importância de um bom tripé

O tripé é acessório obrigatório para fotografia noturna, uma vez que você sempre irá trabalhar com velocidades baixas, impossibilitando segurar a câmera na mão.

Não existe um consenso sobre a velocidade mínima para uso da câmera sem tripé, mas mesmo um fotografo experiente correrá riscos de não conseguir a estabilidade necessária utilizando velocidades inferiores a 1/60 (sem levar em conta o peso da câmera e da lente que também interferem nessa questão).

Fotografias noturnas, em média, requerem exposições superiores a 10s, embora alguns fotógrafos já considerem velocidades acima de 1s como longa exposição.

Se você ainda não comprou o seu tripé ou pretende adquirir um em breve, eu aconselho a não economizar nesse item. Procure um tripé firme e alto, pois, ele vai facilitar seu trabalho no escuro, além do mais, como você pode enfrentar noites completamente escuras é muito comum um esbarrão indesejado no tripé ou até mesmo o excesso de vento que pode derrubar seu equipamento, portanto, um bom tripé além de garantir uma maior estabilidade e nitidez na sua imagem, irá diminuir os riscos de acidentes.

Tripés grandes são firmes e seguros, porém, desajeitados para carregar. Tripés pequenos são fáceis de carregar, porém, não oferecem a mesma estabilidade. Leve em consideração também o tamanho do seu equipamento. Quando mais pesado for seu conjunto de câmera e lente, mais robusto deverá ser o tripé.

JOELMIR BARBOSA

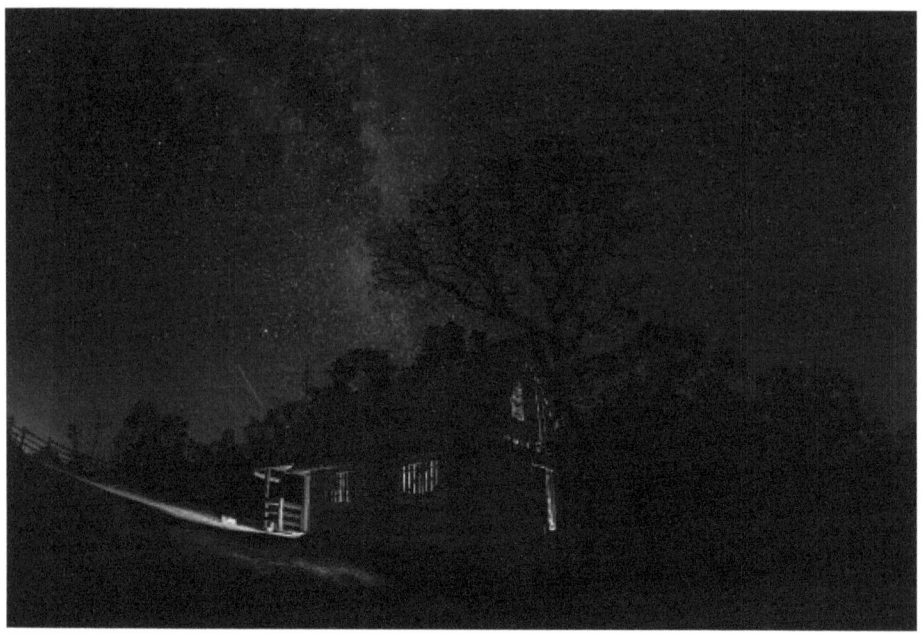

Exif: F 3.2 / 30s / ISO 2500 / 15mm

FOTOGRAFANDO A LUA

Incluindo a lua na composição

Fotografar a lua é um evento completamente diferente de fotografar estrelas. Embora esteja no nicho de fotografia noturna, as técnicas aplicadas variam bastante.

O primeiro conhecimento que você deve adquirir para se aventurar a fotografar a lua é conhecer suas fases. Se você deseja fotografar a lua cheia, você precisará sair para fotografa-la na época correta.

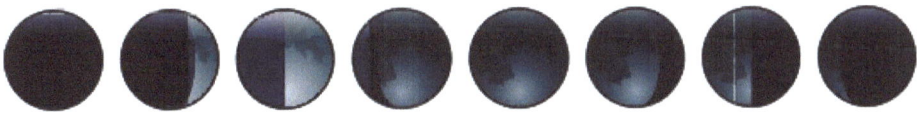

O ciclo completo da lua, se repete a pouco mais de 29 dias. Ao executar sua trajetória, ocorre uma mudança gradual das fases, dividida em quatro etapas.

Durante a lua nova, a face não iluminada está voltada totalmente para a Terra, de forma que se torna impossível sua observação.

Conforme os dias transcorrem, a porção iluminada aumenta permitindo, ainda, a visualização da sombra em muitas crateras e cadeias montanhosas lunares.

Cerca de uma semana após a lua nova, metade do disco lunar encontra-se iluminado, caracterizando o quarto crescente. Neste período, o satélite é visível ao entardecer. Conforme a lua executa sua órbita, aumenta a porção iluminada.

Duas semanas após a lua nova, todo o disco parece iluminado, caracterizando, portanto, o ciclo da lua cheia. O satélite, por estar em posição oposta ao Sol, surge no horizonte leste quase que ao mesmo tempo do pôr-do-sol.

Após a lua cheia, começa a redução da área iluminada dia após dia, até que, sete dias após a lua cheia, acontece o quarto minguante, em que o disco está novamente iluminado pela metade. A lua, então, passa a ser visível somente no período da madrugada. Por fim, sua porção visível diminui até se tornar nula, retornando, portanto, a fase nova.

Embora o termo "fotografando a lua" possa remeter a imagem da lua cheia, excelentes composições podem ser realizadas com a lua crescente, com as sombras da lua e sem necessariamente de dar foco aos seus detalhes.

FOTOGRAFIA NOTURNA COM JOELMIR BARBOSA

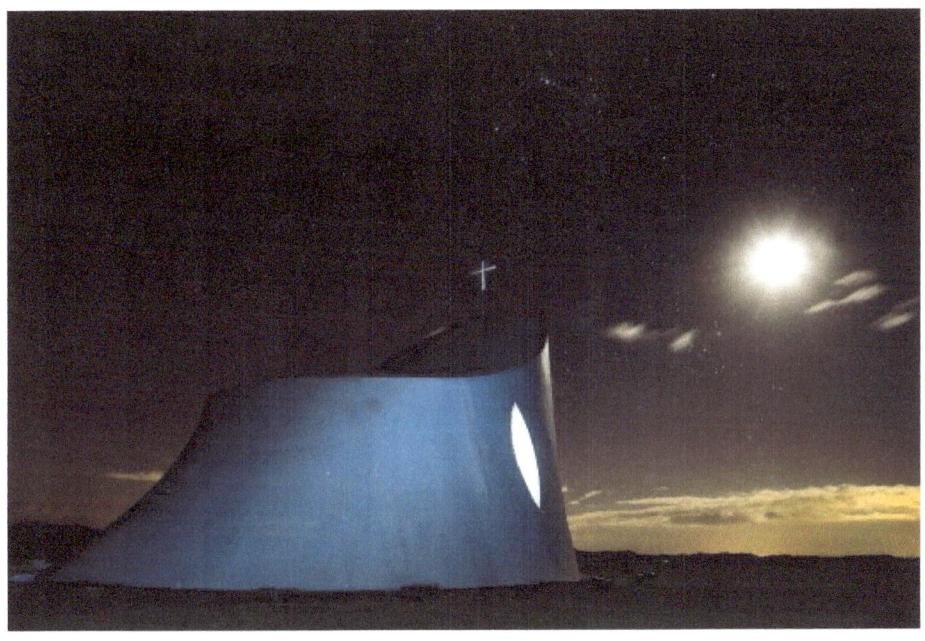

Exif: F 5.6 / 30s / ISO 2000 / 24mm

Fotografando apenas a lua e seus detalhes

Se o objetivo for fotografar apenas a lua, ou criar uma composição onde os detalhes da lua sejam importantes, é preciso se atentar para o fato de que a lua está em movimento, portanto, use sempre uma velocidade 1/125 ou mais.

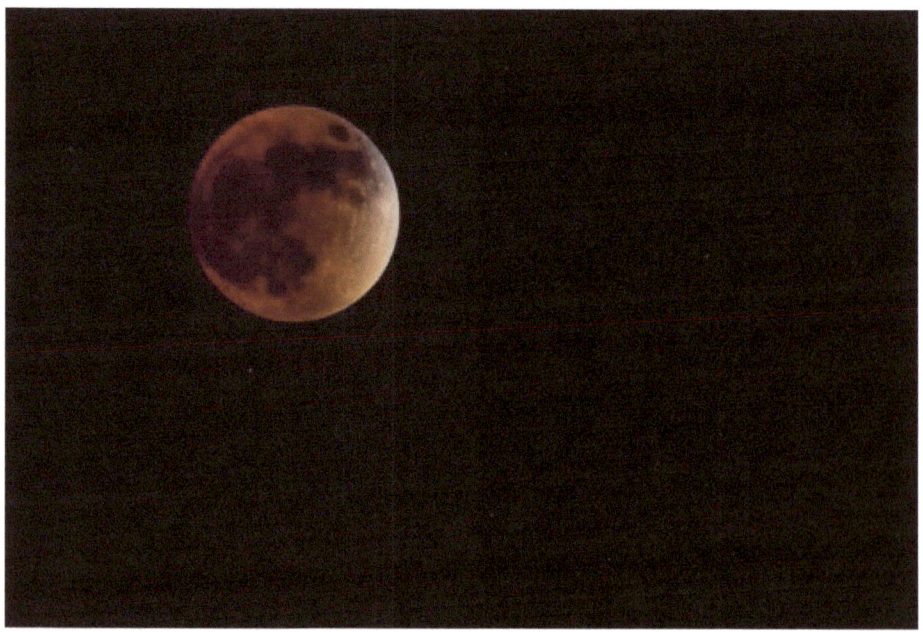

Lua Vermelha - Exif: F 5.6 / 1/2s / ISO 20500 / 400mm

Outra particularidade é que a lua reflete muita luz, e devido a isso, use uma abertura pequena (diafragma fechado) e ISO baixo.

É possível fotografar a lua sem tripé, porém, seu uso sempre garante maior estabilidade e nitidez.

Exif: F 9 / 1/160 / ISO 200 / 300mm

Melhor época para fotografar a lua

Na primavera e no verão, os dias são longos e a lua se destaca no céu ainda durante o final da tarde. É um excelente período do ano para realizar boas composições com árvores e montanhas que ainda estão iluminadas pelos últimos raios de sol.

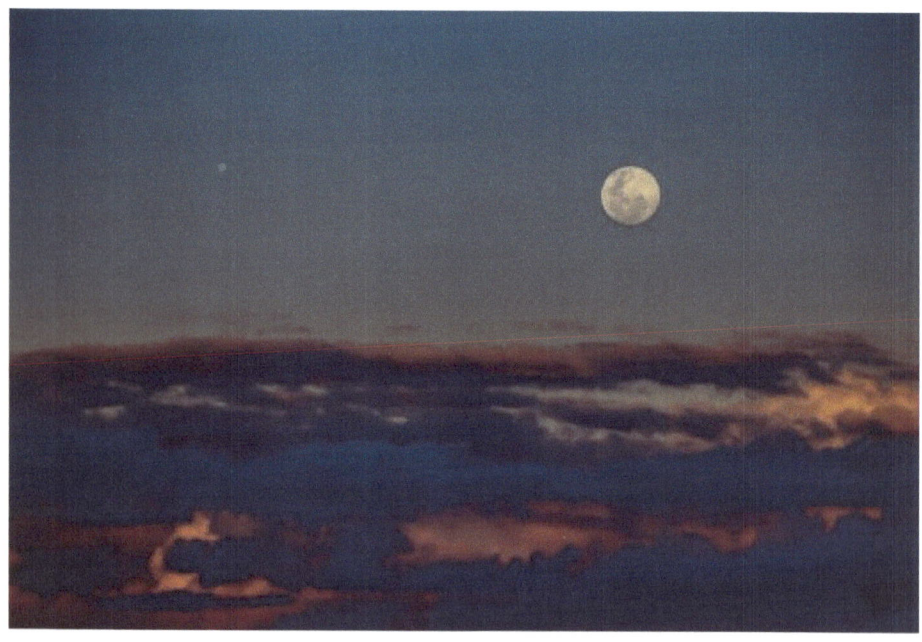

Exif: F 5.6 / 1/1000s / ISO 400 / 240mm

Mantenha a lua perto do horizonte

Embora o tamanho da lua seja o mesmo, temos a ilusão óptica de que ela é maior quando está na linha do horizonte, perto de algum ponto de referência como por exemplo, uma montanha.

Aproveite esse momento para fotografá-la. As melhores composições são feitas quando a lua nasce. Quanto mais perto do horizonte, melhor.

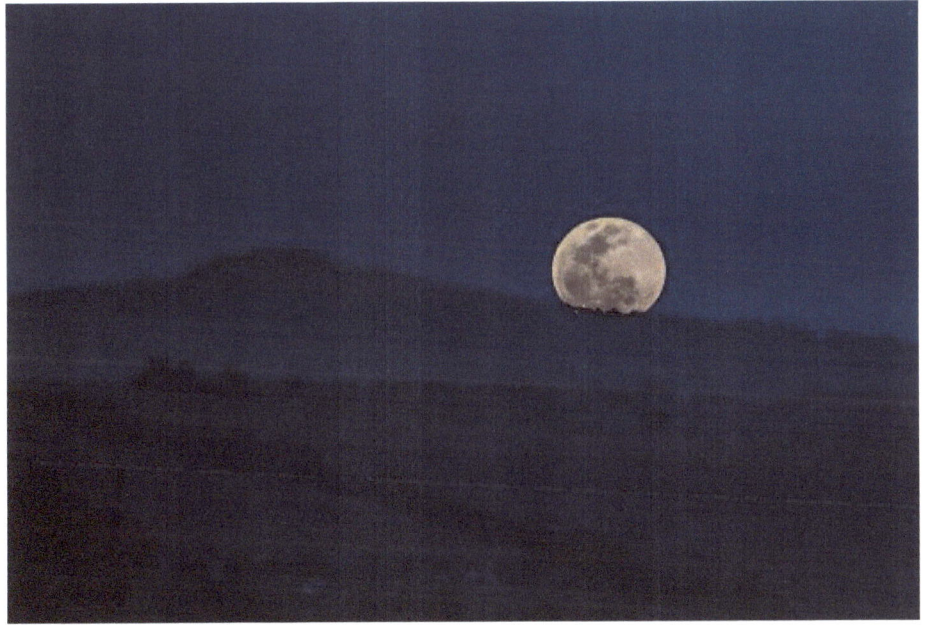

Exif: F 5.6 / 1/60s / ISO 400 / 300mm

Escondendo a lua atrás das composições

N ão é somente os detalhes da lua que encantam. Escondê-la atrás de elementos como árvores ou nuvens sempre proporciona um efeito interessante.

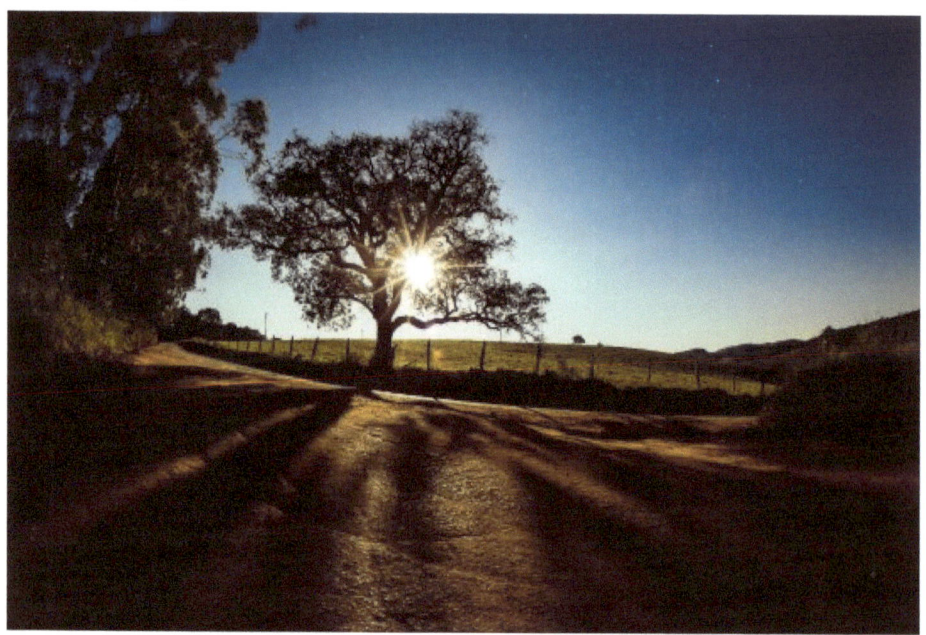

Exif: F 6.3 / 30s / ISO 3200 / 15mm

A LUZ AZUL DO LUAR

A luz azul

Fotografar a noite, utilizando a luz do luar para iluminar as paisagens proporciona resultados maravilhosos. Particularmente é um dos períodos que mais gosto de fotografar.

Detalhes da noite se revelam iluminados pela lua e sua tonalidade azulada. Nesse caso, a lua nem precisa aparecer na composição.

Veja a foto abaixo, a olho nu estava praticamente escuro, com uma leve luz da lua. Porém, quando a fotografia é captura, a câmera amplia essa luz, deixando a paisagem completamente clara e visível.

JOELMIR BARBOSA

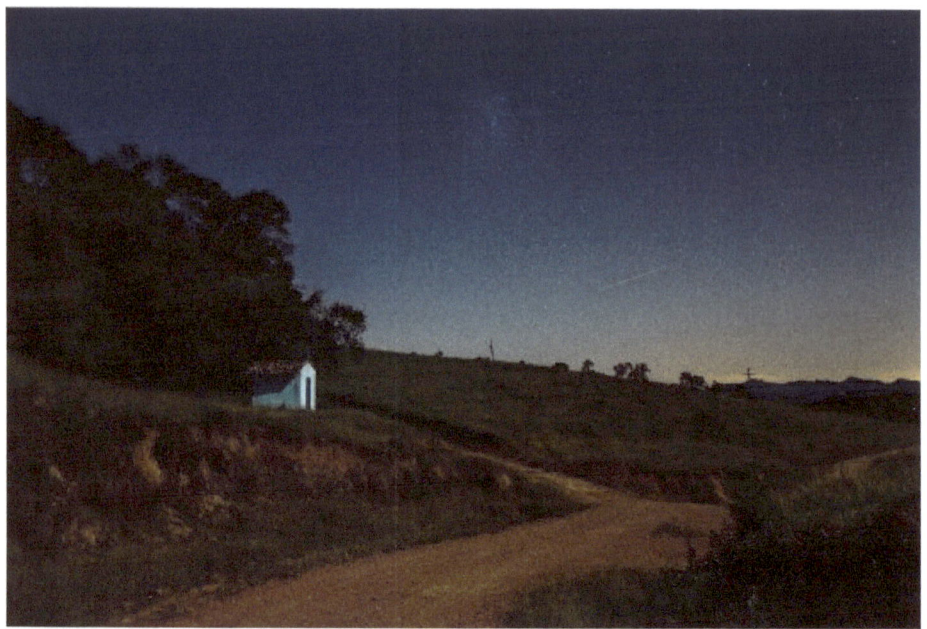

Exif: F 5 / 30s / ISO 2000 / 32mm

As sombras do luar

A lua, quando está ainda baixa, próxima ao horizonte proporciona sombras que permitem realizar ótimas composições. Aproveite as sombras do luar.

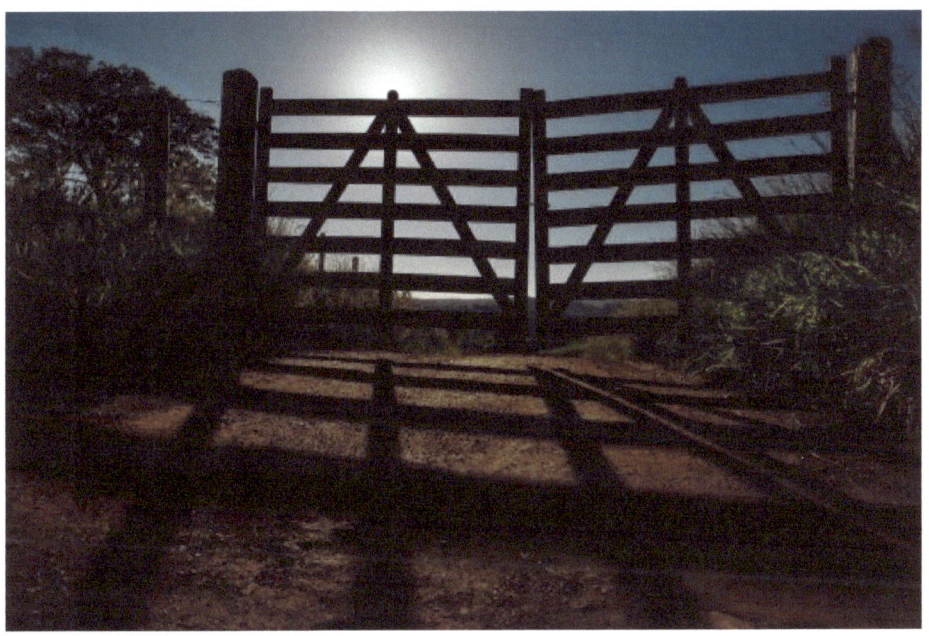

Exif: F 11 / 30s / ISO 3200 / 24mm

LIGHT PAINTING

Pintando com luz

O termo *light painting* significa pintando com luz. Utilizar lanternas fracas ou até mesmo a lanterna do celular para preencher as áreas mais escuras é um recurso muito utilizado em fotografia noturna.

Para realizar o *light painting* faça o seguinte: regule seu equipamento, posicionando o tripé no local correto, defina o foco, como já foi explicado anteriormente. Ajuste as configurações para que sua longa exposição seja maior do que 10s.

Enquanto a câmera está no tripé, capturando essa imagem, utilize uma lanterna na mão para pintar com luz, os trechos mais escuros. Observe os pontos de maior escuridão e ilumine rapidamente. No geral, menos de 2s de iluminação já é suficiente.

Lembre-se que o sensor da câmera possui muita sensibilidade (que aumenta conforme o ISO), portanto, menos é mais!!!

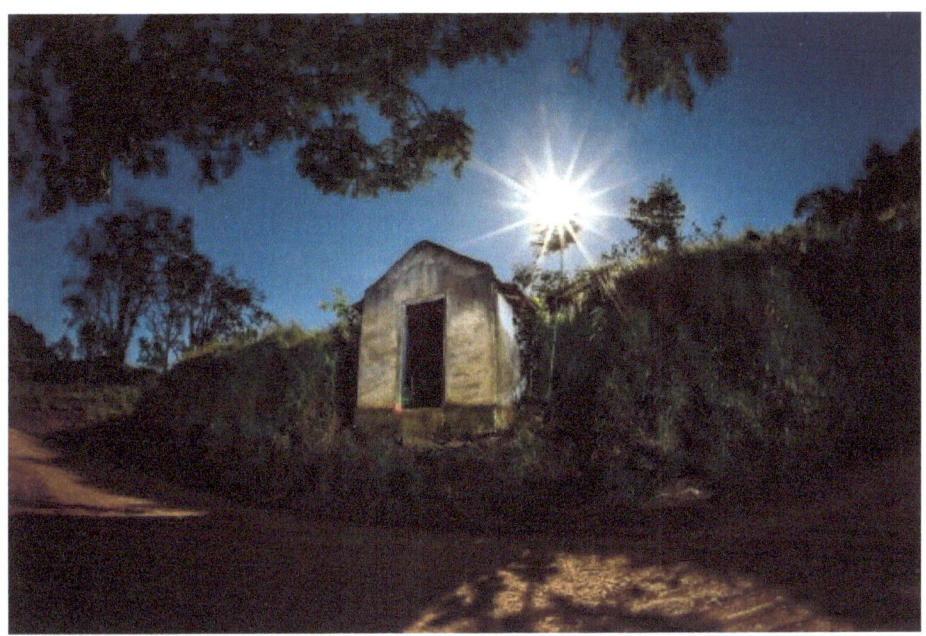

Capela iluminada por 2s com uma lanterna de mão, fraca. Lua cheia no fundo.
Exif: F 13 / 30s / ISO 3200 / 15mm

Na foto acima, sem o uso da lanterna a capela ficaria completamente escura, aparecendo apenas sua silhueta.

Usar esse recurso dá vida a fotografia em ambientes escuros, além de possibilitar uma pós-edição mais eficiente, porque áreas 100% escuras ou 100% claras, não podem ser editadas, uma vez que não possuirão informações para que os *softwares* de edição consigam processar.

Faça testes, seja criativo, erre propositalmente e avalie posteriormente no computador o que poderia ter sido feito de diferente. Ilumine o chão, as árvores, crie sombras com sua lanterna. Tudo é válido e servirá de aprendizado.

Ângulos da iluminação

E vite iluminar o motivo da fotografia diretamente, por cima ou por baixo da câmera. Fotografia é a junção de luz e sombra, portanto, valorize as sombras assim como você valoriza a luz.

Iluminar um motivo a noite, de um ângulo diferente ao que está sendo captado, traz resultados incríveis.

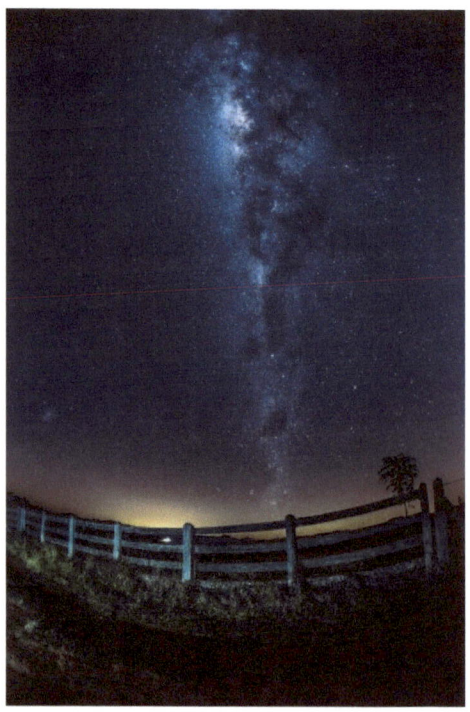

Cerca iluminada pela lanterna do celular por 2s, a uma distância de 3 metros na lateral esquerda da câmera. Observe as sombras no chão, na vegetação e na cerca.
Exif: F 4 / 30s / ISO 1600 / 15mm

Bastão de luz

Uma maneira criativa para realizar efeitos noturnos é pedir para alguém segurar uma lanterna potente, apontada para outra direção. Durante cerca de 20s essa pessoa deve ficar imóvel. A umidade do ar irá refletir os raios de luz, causando um efeito interessante.

Na fotografia abaixo o raio de luz ficou com uma curvatura devido a lente utilizada, uma olho-de-peixe de 15mm que arredonda os cantos da imagem propositalmente.

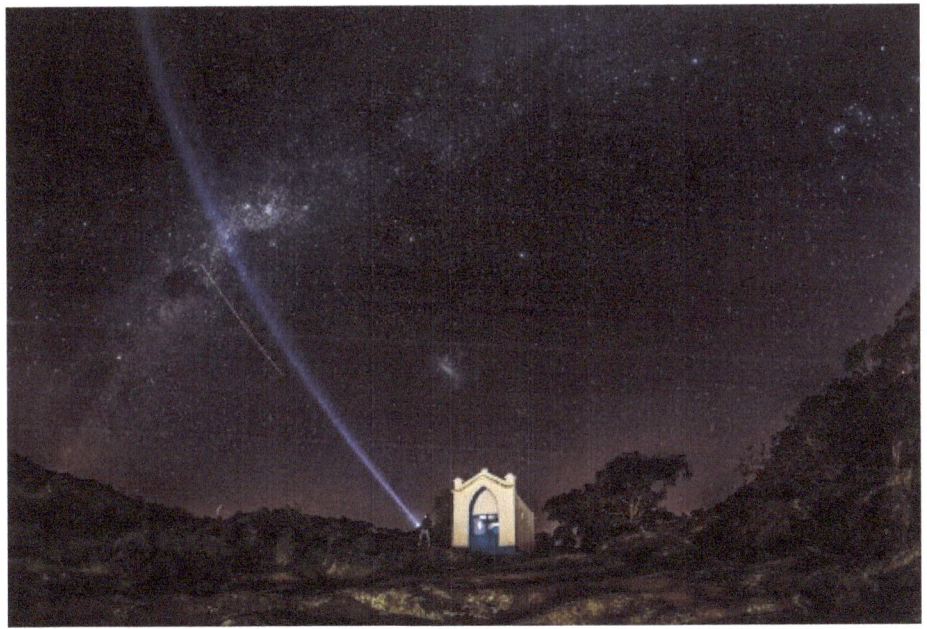

Exif: F 4 / 30s / ISO 3200 / 15mm

O equipamento faz o fotógrafo?

Todo fotógrafo passa por grandes questionamentos quando começa. Qual marca de câmera é melhor? Qual modelo devo escolher?

Em meio a essas dúvidas, onde cada um tem uma opinião diferente, é comum ouvir que o equipamento é irrelevante, pois, o diferencial está no fotógrafo.

É inquestionável que um equipamento barato, nas mãos de um profissional, será muito melhor aproveitado do que um equipamento caro, nas mãos de um amador.

Na fotografia noturna, o equipamento realmente faz a diferença. É possível fotografar estrelas até mesmo com o *smartfone*, porém, se seu objetivo é produzir um material diferenciado, como as imagens constantes nessa obra, o equipamento faz total diferença, basicamente porque quanto maior for o poder de ISO da câmera (sensibilidade para ambientes com pouca luz), melhor será o resultado final e menos pigmentado ficará a imagem.

E nesse caso, poder do ISO está quase sempre ligado ao preço da câmera. Embora não seja uma regra exata, quando maior o preço, melhor a performasse do ISO.

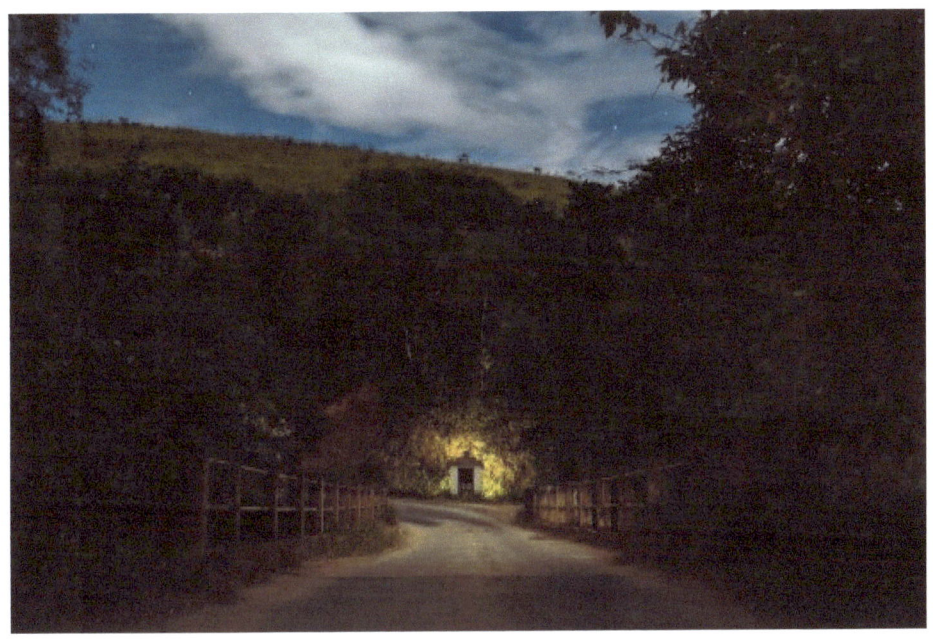

Uma vela acessa atrás da capela - Exif: F 5 / 30s / ISO 2000 / 50mm

Iluminando dentro das construções

U tilize luzes auxiliares de baixa potência para iluminar construções por dentro, dando um efeito profissional a sua fotografia.

Com as configurações certas, uma vela é capaz de iluminar uma casa inteira, destacando todas as portas e janelas.

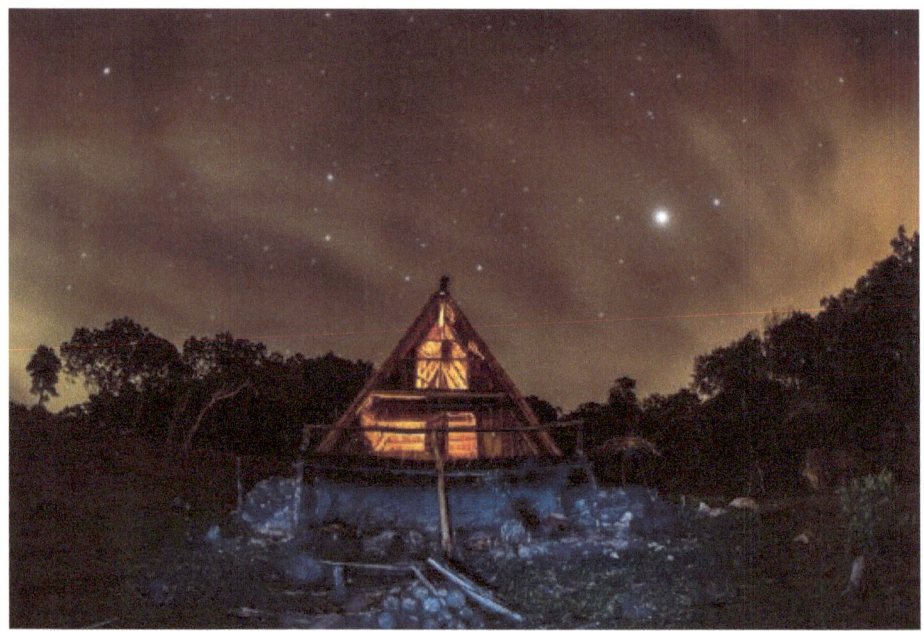

Vela acesa dentro do chalé - Exif: F 3.5 / 75s / ISO 1600 / 15mm

NOTURNAS EM AMBIENTES URBANOS

Ponto de luz estrelado

P ara conseguir um efeito estrela, nos pontos de luzes, no geral, em ambientes urbanos, basta fechar o diafragma. Use sempre f.18 ou f.22.

Para evitar que a imagem fique muito escura, compense com uma velocidade mais longa e ISO mais alto.

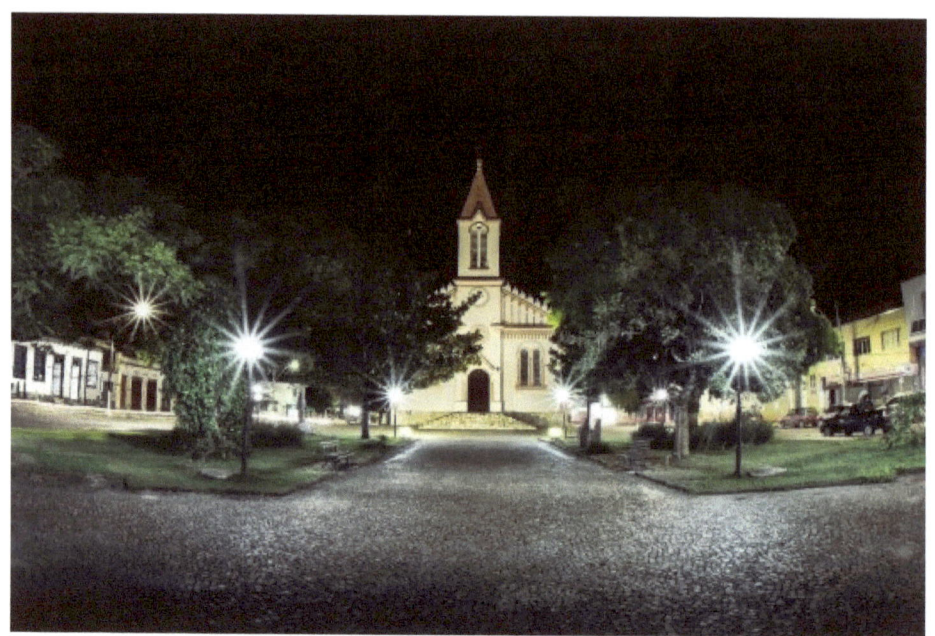

Exif: F 22 / 86s / ISO 400 / 15mm

Rastro de luz com automóveis

Se posicionar em um local onde possa ver grandes extensões de estradas ou ruas, sempre rende boas fotos noturnas devido aos carros que passam com as lanternas e faróis acessos durante o tempo de exposição.

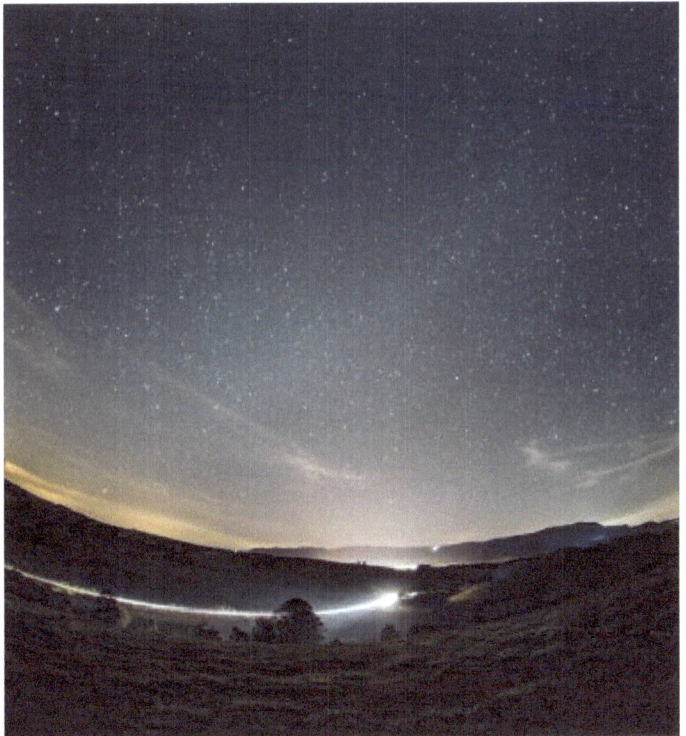

Exif: F 2.8 / 30s / ISO 4000 / 15mm

Desligando o estabilizar da lente

Algumas lentes (objetivas) possuem um sistema próprio de estabilização de imagem que é muito útil quando se está fazendo uma fotografia, de dia, com a câmera na mão.

Quando a câmera está no tripé ela já está imóvel, portanto, o estabilizador deve ser desligado, evitando que ele tente estabilizar a câmera e cause pequenas oscilações devido ao movimento de tentar estabilizar algo que já está imóvel.

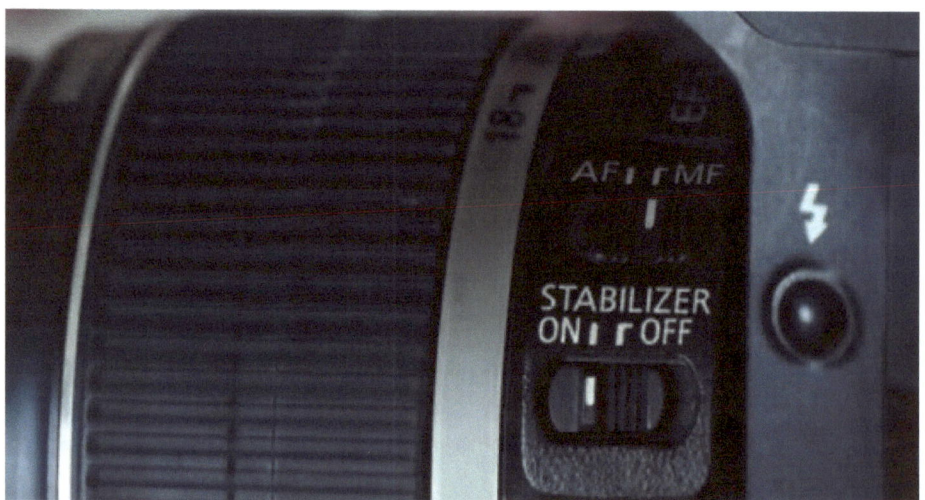

FOTOGRAFANDO RAIOS

Capturando Raios

Muitas pessoas se perguntam: Como é que ele conseguiu tirar a foto no exato momento em que o raio estava caindo?

Na verdade, é uma interpretação errônea de quem não está habituado com fotografias de longa exposição.

Se sua intenção for capturar um raio, posicione a câmera no tripé e faça as configurações para que ela capture a imagem da chuva durante 30s.

A cada 30s repita a imagem. Se for uma chuva de muitos raios a possiblidade de você capturar algum raio é grande, pois existirá uma janela de tempo de 30s para o raio cair e ser capturado.

No geral, em uma chuva de raios, para cada 10 fotos, você conseguirá capturar pelo menos uma imagem com raios caindo.

JOELMIR BARBOSA

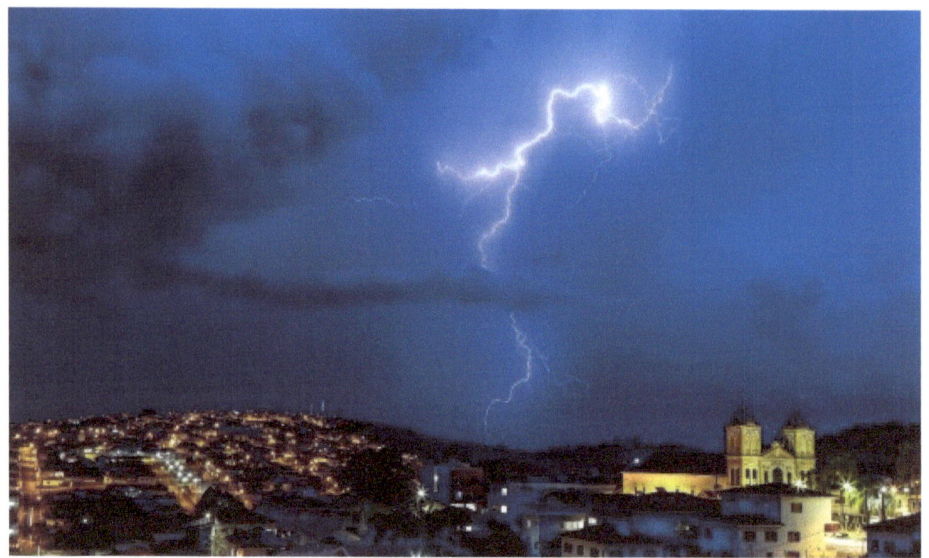

Exif: F 10 / 25s / ISO 200 / 32mm

CONSIDERAÇÕES FINAIS

A fotografia noturna não tem segredos. Tudo que eu aprendi e utilizo está escrito nessa obra. A única diferença entre nós, é que eu já tenho vários anos de experiência na área, o que me proporcionou errar mais e analisar onde eu deveria melhorar e me adaptar.

Desejo muito sucesso no seu aprendizado. Chegou o momento de ir para campo e enfrentar as noites escuras.

Não desanime com os resultados das primeiras imagens e aceite que mesmo após muito tempo de experiência a maioria dos resultados serão insatisfatórios, afinal de contas, a noite é imprevisível.

Mas confesso que, embora se erre muito, quando acertamos a captura perfeita, a satisfação é imensa, pois nunca uma fotografia noturna será copiada. Cada noite possui sua particularidade, transformando sua imagem em uma foto única.

Boa sorte....

Contato:
Instagram @joelmirbarbosa

www.ingramcontent.com/pod-product-compliance
Lightning Source LLC
Chambersburg PA
CBHW040323220526
45473CB00009B/2542